Wildes Südtirol

Alessandra Sarti & Reinhard Hölzl

Wildes Südtirol

Im Rhythmus der Jahreszeiten

Verlag Athesia Spectrum/Tyrolia-Verlag, Innsbruck-Wien

Vorwort

Liebe Leserin, lieber Leser!

Südtirol ist in den letzten drei Jahren zu unserer „zweiten Heimat" geworden. Daher war es uns ein Anliegen, einen Bildband über seine faszinierende Naturwelt zu verfassen. Auf der Suche nach einem passenden Titel für dieses Buch geisterten einige Ideen durch unsere Köpfe, wurden diskutiert und wieder verworfen. Letztendlich entschieden wir uns für den Titel „Wildes Südtirol".

Ein „Wildes Südtirol" lässt vermuten, dass man in diesem Land eine wirkliche Wildnis findet. Diese gibt es unserer Meinung nach aber leider nicht mehr. Um diese Behauptung zu untermauern, bedarf es zuerst einer Definition von „Wildnis".

Wir verstehen unter diesem Begriff eine Landschaft mit ihren Pflanzen und Tieren, die vom Menschen vollkommen unbeeinflusst ist. Doch Besiedelung und Tourismus haben das Gesicht Südtirols stark geprägt und sind auch in die letzten unberührten Ecken des Landes vorgedrungen. Somit ist der Titel des Bildbandes eigentlich nicht ganz zutreffend, charakterisiert aber am besten dessen Inhalt. Wenn auch nicht unberührt, bietet Südtirol mit seinen wechselvollen Landschaften und seiner einzigartigen Tier- und Pflanzenwelt dem Besucher ungezählte Möglichkeiten intensiven Naturerlebens.

Neben den weit über die Grenzen hinaus bekannten Glanzlichtern, wie die weltbekannte Felsformation der Drei Zinnen, gibt es unzählige kleine, nicht weniger faszinierende Naturgeheimnisse zu entdecken.

Für uns sind jene Menschen wahre Naturliebhaber, die die Größe haben, sich selbst gegenüber der Natur zurückzunehmen, um ihr auf diese Weise ihren Respekt und Schutz zukommen zu lassen. Um das Naturerlebnis auch in Zukunft zu erhalten, bitten wir um einen Besuch der Naturschutzgebiete und Nationalparks mit Fernglas und Teleobjektiv zur Wahrung der richtigen Distanz bei größtmöglichem Genuss. Außerdem bitten wir um die Einsicht, dass aufgescheuchte Tiere keine guten Fotomotive und ausgerissene Pflanzen keine guten Mitbringsel sind.

Wir wünschen Ihnen, liebe Leserin, lieber Leser, viel Freude mit unseren Bildern. Helfen Sie mit, dass „Wildes Südtirol" nicht nur der Titel eines Buches bleibt, sondern dass die wahre Wildnis eines Tages zurückkehrt!

Reinhard Hölzl
Alessandra Sarti

Inhalt

Einleitung 8

Frühling 10
Sommer 54
Herbst 102
Winter 138

Einleitung

Frühling ❖ Sommer ❖ Herbst ❖ Winter

Südtirol, das Land an den Flüssen Etsch, Eisack und Rienz erstreckt sich von den Zentralalpen im Norden bis zur Salurner Klause über eine Fläche von 7400 Quadratkilometern. Wer aufsteigt, dem wird sich ein Panorama aus Gipfeln, Zacken, Schluchten, Seen und Flüssen öffnen. Südtirol ist ein „Land der Berge": 86 Prozent des Landes liegen auf über 1000 Metern Meereshöhe. Nur sechs Prozent beanspruchen die schmalen Talsohlen und die intensiv besiedelten Mittelgebirgsterrassen, wo der überwiegende Teil der Bevölkerung lebt.

Die jahrhundertelange Suche des Menschen nach Lebensraum und Ackerland hinterließ hier unübersehbare Zeichen, wie Feldterrassen, Steinmauern, geschwungene Wege und auch Strauchhecken. Neben allen menschlichen und vor allem auch touristischen Erscheinungen und Erschließungen bestimmt in weiten Teilen noch immer die einsame und raue Gebirgslandschaft das Land.

Einen großen Teil der Bergwelt bilden die Dolomiten. In Südtirol verwittern die Riffkalke der bekannten Gebirgsstöcke wie Drei Zinnen, Pragser Dolomiten, Sella, Langkofel, Schlern und Rosengarten zu hoch aufragenden, kahlen Türmen und glänzend weißen Dolomitwänden. In diesem Gebirge treffen Gegensätze aufeinander, wie sonst nirgendwo in den europäischen Alpen: uralte Lärchenwälder und blumenübersäte Wiesen neben spärlich bewachsenen Karsthochflächen und grobblockige Kalkschutthalden neben filigranen Felstürmen und zerklüfteten Graten. Was aber vor allem beeindruckt, ist das Farbenspiel der Felsen. Erdgeschichtlich gesehen ist die Entstehung der Dolomiten im Erdmittelalter anzusiedeln, und zwar in den Epochen Trias, Jura und Kreide, also in der Zeit von vor etwa 180 Millionen bis vor etwa 60 Millionen Jahren. In dieser Zeitspanne entstanden die Kalkbänke und Riffe im Urmeer der Tethys. Unmengen von Korallen und zusätzlich kalkhaltige Skelette und Schalen von Tieren und Pflanzen trugen zu deren Bildung bei. Zusätzlich wurden Schmelzen und Lavagüsse durch unterseeischen vulkanischen Druck über und zwischen den Kalk gepresst. Die Zeit ab 60 Millionen Jahre, das Kanäzoikum, wird als die eigentliche Geburtsstunde der Dolomiten angesehen. Während das Urmeer absank und sich die Alpen auffalteten, kam das Gebirge zum Vorschein, wüst und ungeordnet, mit einer besonderen weißen bis hellgelblichen Farbe.

Erst die Eiszeiten und der Einfluss der Elemente schliffen und formten den schroffen Charakter des Gebirges und irgendwann siedelten Pflanzen und Tiere und zuletzt auch der Mensch darin.

Die harten Lebensbedingungen in den bleichen Bergen haben eine eigene Vegetation mit dem Namen „Dolomitenflora" hervorgebracht, denn nur Spezialisten sind in der Lage, auf den rutschigen und grobblockigen Kalkschutthalden der alpinen Stufe Fuß zu fassen. Zu diesen zählen zum Beispiel der Gelbe Alpenmohn und die Dolomiten-Akelei oder auch seltene endemische Arten wie die Steinbrechart Saxifraga facchinii oder die Dolomiten-Glockenblume.

Auch viele Tiere haben ihre Lebensweise auf faszinierende Weise den kargen, extremen Bedingungen angepasst, wie das Murmeltier, die Gämse und der Steinbock, die in großer Zahl die steilen Grashänge, Grate und Felskare bewohnen.

Der faszinierenden Bergwelt der Dolomiten gegenüber stehen das weit in den Himmel aufragende, vergletscherte Ortlermassiv, die mächtige Rieserfernergruppe, die stille, noch wenig besuchte Bergwelt der Texelgruppe oder auch die ruhigen Sarntaler Alpen, die im Süden des Landes in Richtung Rittner Hochebene auslaufen.

Für die frühen Bergbewohner war die Bergwelt unheimlich und mit vielen Gefahren verbunden. Grollende Gewitter, Muren und Lawinen sorgten für Mythen und Sagen, in denen die Berge als Sitz von Göttern und Dämonen, Riesen und Zwergen, Drachen und Hexen galten. Dank einer stark verwurzelten mündlichen Tradition haben sich die Legenden erhalten und wurden bis in die heutigen Tage überliefert. Jene Menschen, aus deren Fantasie viele wunderbare und auch seltsame Geschöpfe entstanden, empfanden eine große Liebe und Verehrung, aber gleichzeitig viel Ehrfurcht und Respekt für die Natur, in der sie aufgewachsen waren. Heute stehen die Bewohner Südtirols einem Konflikt gegenüber: gesegnet mit urwüchsiger Natur, geplagt von knappem Siedlungsraum. Um diesen Konflikt zu lösen, besitzt Südtirol seit 1973 ein Naturpark-Konzept, das den Schutz aller wertvollen Natur- und Kulturlandschaften zum Inhalt hat. Dazu zählen derzeit sieben Gebiete: Schlern, Puez-Geisler, Fanes-Sennes-Prags, Sextner Dolomiten, Rieserfernergruppe, Trudner Horn, Texelgruppe. Deren vielfältige Landschaftsformen, die artenreiche Flora und Fauna und deren geologische Besonderheiten sollen geschützt und erhalten werden.

Geprägt durch die vier Jahreszeiten, zeigt sich die Natur in Südtirol sehr abwechslungsreich. Die natürliche Abfolge von Frühling, Sommer, Herbst und Winter bringt unterschiedlichste Gewächse im Ablauf eines Jahres hervor und verlangt der Pflanzen- und Tierwelt durch ständig wechselnde Bedingungen besondere Überlebensstrategien ab.

Sonne und Wolken, Regen und Schnee, Licht und Schatten spielen mit den natürlichen Farben und Formen der Landschaft und malen immer neue Bilder im Rhythmus der Jahreszeiten.

Antermojasee bei Sonnenaufgang.

frisch ❖ leicht ❖ jung ❖ lebendig

Frühling

Seht, Brüder, der Frühling ist da.
Die Sonne hat die Erde umarmt.
Bald werden wir die Kinder
dieser Liebe sehen.

Sitting Bull, Häuptling der Dakota-Indianer

Frühling

Für bestäubende Insekten sind die Blüten des Schneeglöckchens
die erste Nahrungsquelle im Jahr.

Frühling

Das Buschwindröschen, die Soldanelle – auch Eisglöckchen genannt – und der Gewöhnliche Seidelbast blühen bald nachdem der letzte Schnee den wärmenden Sonnenstrahlen des Frühjahrs gewichen ist.

Frühling

Der Seekofel spiegelt sich im Pragser Wildsee.

Die Küchenschelle verdankt ihren Namen den glockenförmigen Blüten: Kühchenschelle als Verkleinerungsform für Kuhschelle.

Manchmal können es die Grasfrösche kaum erwarten loszuwandern, Richtung Laichgewässer. Besonders im Gebirge kann dann noch Schnee liegen, was für die kleinen Lurche jedoch kein Hindernis ist, sofern ihr Gewässer keine geschlossene Eisdecke mehr aufweist.

Frühling

Frühling

Das ganze Jahr über lebt der Auerhahn sehr versteckt im Wald. Zur Zeit der Balz im Frühjahr finden sich die Hähne auf ihren Balzplätzen ein und versuchen die Weibchen mit ihrem eindrucksvollen Balzgehabe, zu dem auch ein eigentümlicher Gesang gehört, zu betören. Diese Zeit nutzt auch der Naturfotograf, denn die Männchen nehmen in ihrer erregten Stimmung kaum wahr, was rund um sie herum geschieht. Aber Vorsicht, balzende Auerhähne können auch aggressiv werden und haben schon so manchen Störenfried in die Flucht geschlagen!

Frühling

Eines der herrlichsten Wahrzeichen der Dolomiten hat die Natur selbst erbaut, den Rosengarten. Seine Felstürme und Wände ragen aus dem Wäldermeer der Bozner Berge auf.

SAGEN und MYTHEN aus SÜDTIROL

König Laurin und sein Rosengarten

In uralter Zeit, da Riesen und Zwerge die Alpen bevölkerten, herrschte im Inneren des Berges, der heute Rosengarten genannt wird, Zwergenkönig Laurin. Seine Rüstung blinkte von hellem Golde, den Helm zierte eine funkelnde Krone. Er ritt auf zierlichem weißem Zelter, der nicht größer als ein Reh, und trug einen Speer, an dem ein Fähnlein flatterte. Laurin besaß auch geheimnisvolle Kräfte, seine Tarnkappe machte ihn unsichtbar, und ein juwelgeschmückter Gürtel gab dem König die Stärke von zwölf Männern.
Laurins Stolz war ein wunderschöner Garten vor dem Tore seiner Felsenburg, in welchem das ganze Jahr hindurch unzählige prachtvolle Rosen blühten. Er war mit goldenen Fäden eingezäunt und nur durch ein enges goldenes Pförtlein zu betreten. Strenge wachte der König über seinen Garten; wer in das Gehege einbrach und auch nur eine der Rosen pflückte, verlor zur Strafe Hand und Fuß.
Auf einer seiner geheimen Fahrten, die er unsichtbar durch die Lande unternahm, erblickte Laurin auf einem Blumenanger vor der Burg zu Steier Kühnhilde, des Schlossherrn Tochter, in ihrer jugendlichen Schönheit. Das Herz des Zwergen entbrannte in Liebe zu dem Menschenkinde; Laurin schlich sich an Kühnhilde heran, nahm sie unter seine Tarnkappe und entführte sie in sein unterirdisches Schloss.
Auf der Steirerburg herrschte Trauer, denn niemand wusste, wohin Kühnhilde entschwunden war. Der junge Ditleib machte sich auf, die Schwester zu suchen, und kam auf abenteuerlicher Fahrt auch an den Sitz des Gotenkönigs Dietrich nach Bern (Verona). Der hörte im Kreise seiner Freunde, des alten Hildebrant, dessen Neffen Wolfhart und des Recken Wittich, die Erzählung Ditleibs und sie berieten, was zu tun sei. Da meinte Hildebrant, Kühnhildes Räuber könne nur der Zwergenkönig Laurin sein, der allein die Tarnkappe besitze und sich damit den Blicken entziehe; den müsste man in seinem Felsenschloss aufsuchen. Dietrich war schnell zur Fahrt bereit und lud die Freunde ein, ihm ins Rosengartenland zu folgen. Tag um Tag ritten sie nordwärts, bis sie am Zusammenfluss von Etsch und Eisack zum ersten Mal den Rosengarten leuchten sahen. Begeisterung und Kampfeslust beflügelte die Recken, die nach langem Ritt an dem goldenen Pförtlein des Gartens hielten. Während Dietrich in Staunen über die Pracht der Rosen versunken war, zerhieb der ungeduldige Wittich mit einem Schwertschlag die goldenen Fäden, trat in rohem Ungestüm das goldene Türlein ein, köpfte die Rosen und zerstampfte den Gartengrund.
Da sprengte auch schon auf weißem Rösslein König Laurin heran, in Gold gewappnet und gerüstet und bebend vor Zorn über den Frevel, der an seinen Rosen geschehen. Mit zürnenden Worten warf er den beiden Recken die Untat vor und forderte von ihnen als Vergeltung Hand und Fuß.
Dietrich wies solch grausames Verlangen ab, bot aber Laurin Gold und Silber, um ihn zu besänftigen. Doch der Zwerg bestand auf seiner Forderung. Nun griff Wittich zu den Waffen; er führte einen gewaltigen Schwerthieb gegen Laurin, verfehlte ihn aber und wurde vom Speerstoß des kleinen Königs aus dem Sattel geworfen. Schon stürzte sich Laurin auf seinen Gegner, um ihm Hand und Fuß abzuhauen, da fiel Dietrich dem Zwerg in den Arm, da er solche Schmach seines Freundes nicht dulden wollte.
Jetzt wandte sich der streitbare Laurin gegen den Gotenkönig, und nun begann ein ungleicher Kampf. Denn plötzlich wurde Laurin unsichtbar; der Zwerg hatte sich die Tarnkappe übergestülpt, daher trafen Dietrichs Schwertstreiche nur mehr die leere Luft. Erbittert warf der Berner seine Waffe zu Boden und begann mit dem Unsichtbaren zu ringen. Schon ermattete der Held, da erfasste seine Hand die Tarnkappe, riss sie ab, und nun stand der Kleine wieder sichtbar vor Dietrich. Im gleichen Augenblick packte der Berner den Zwerg um die Mitte, schwang ihn am Zaubergürtel in die Luft und schmetterte Laurin zu Boden, so dass der Gürtel zerbrach und in Dietrichs Händen blieb.
Jetzt, da seine übernatürlichen Kräfte von ihm gewichen, lag Laurin kraftlos am Boden und flehte um Schonung. Dietrich hätte den Zwergenkönig getötet, wenn nicht Ditleib, der die geliebte Schwester ohne den Zwerg nie zu befreien hoffen durfte, um Gnade für Laurin gebeten hätte. Noch aber war Dietrichs Kampfeslust nicht erloschen; unmutsvoll wandte er sich gegen Ditleib, und schon kreuzten die beiden ihre Klingen, als Hildebrant, Wolfhart und Wittich die Kämpfenden trennten und zur Eintracht mahnten. Als nun auch Laurin seine kleinen Hände den siegreichen Gegnern zur Versöhnung reichte und sie zum Besuch seines Schlosses einlud, herrschte wieder Frieden im Rosengarten.
Die Recken traten durch eine Felsenpforte ein, herrlich prangte im Innern des Berges der Thronsaal, aus Marmor, Gold und edlen Steinen erbaut. Laurins Gefolge, zierlich gewappnete Zwergenritter und kleine Edelfrauen, begrüßten die Helden. Dann trat aus goldener Tür Kühnhilde hervor, prächtig geschmückt als Braut des Zwergenkönigs. Als die Maid Ditleib erblickte, flog ein Leuchten über ihre Züge, sie umarmte den geliebten Bruder und klagte ihm unter Tränen ihr Leid. Wohl werde sie als Königin geehrt, Laurin erfülle ihr jeden Wunsch; sie aber könne des kleinen Fürsten Liebe nie erwidern und sei im tiefsten Herzen glücklos. Leise versprach Ditleib der Schwester die Befreiung, doch gebot er ihr vorerst Stillschweigen.
Laurin lud seine Gäste zu Tisch, hieß sie die Rüstungen ablegen und kostbare Gewänder anziehen. Arglos tafelten die Helden und ahnten nicht, dass der tückische Zwerg ihnen betäubende Säfte in den Trank gemischt. Einer nach dem anderen sank zur Erde. Laurin ließ nun triumphierend die wehrlosen Helden fesseln und in einen Kerker werfen; ihre Waffen verwahrte er in einem abgelegenen Gemach.
Diese arge Tat berichtete ein treuer Zwergendiener heimlich Kühnhilden. Sogleich entschloss sie sich, den Bruder und die Freunde aus der Haft zu befreien. Kühnhilde eilte zum Kerker und löste die Fesseln Ditleibs. Inzwischen war auch Dietrich erwacht und fühlte sich, erstmals in seinem Leben, in Banden. Da schlug der Zorn in hellen Flammen aus seinem Munde, so dass die Fesseln an Händen und Füßen schmolzen. Ditleib hatte inzwischen mit Kühnhildes Hilfe die Waffen der Recken herbeigetragen, und nun umgürtete Dietrich sich und seine Freunde, um blutige Rache zu nehmen.
Das Waffengeklirr weckte Laurin, der seine Kriegsscharen herbeirief. Es begann ein furchtbarer Kampf; Tausende von gefallenen Zwergen deckten den Boden, aber auch Dietrich und seine Gefährten bluteten aus vielen Wunden. Als sich die Scharen der Zwerge lichteten, ließ Laurin fünf Riesen aufbieten. Aber auch dies half nichts, denn die Berner Helden töteten sie. Die Entscheidung fiel, als es Dietrich gelang, Laurin gefangen zu nehmen. Seiner Macht und Zauberkräfte beraubt, musste Laurin seinen Verrat schwer büßen. In Ketten wurde er nach Bern geführt und musste dort am Hofe Dietrichs dienen. Kühnhilde aber trat befreit aus dem Berg und ritt beglückt an Ditleibs Seite heim nach Steier.
Seither ist Laurins Rosengarten verwandelt und nur riesige, nackte Felstürme ragen zum Himmel. Wo einst der herrliche Garten geblüht, leuchtet heute noch am Fuße der Laurinswand das „Gartl“, ein heller Schuttfleck, von dem der Schnee oft auch im Sommer nicht ganz schmilzt. An seinem Grund ist ein kleiner vereister See, der selten auftaut. Dort soll der Eingang in den Rosengarten sein.
Nur zur Abendzeit glüht der ganze Berg auf im Widerschein der sinkenden Sonne und spiegelt in seinem Leuchten die Sage von König Laurin und seinem Rosengarten.

Quelle: Die schönsten Tiroler Sagen, ausgewählt und erzählt von Karl Paulin; Innsbruck 1972

Frühling

Der Paternkofel spiegelt sich in einem der Bödenseen.

Ein besonderes Schauspiel ist die Balz der Birkhühner im zeitigen Frühjahr. Hoch droben treffen sich die Hähne früh am Morgen auf dem Balzplatz, um gemeinsam um die Gunst der Weibchen zu tanzen. Dabei geben sie kullernde und zischende Laute von sich. Das anschließende Ausbrüten der Eier und das Führen der Küken wird von der Henne alleine bewältigt.

Das Weibchen des Teichfroschs legt mehrere Laichballen mit insgesamt 3000 bis 10.000 Eiern ab.

Erdkröten kehren auf ihren Laichplatzwanderungen im zeitigen Frühjahr fast immer zu ihrem Geburtsgewässer zurück. Dabei kommen die meisten Tiere schon verpaart an, das kleinere Männchen auf dem Rücken des Weibchens.

Ein Blässhuhn beim Ausruhen auf einem abgestorbenen Ast. Das weiße Stirnschild der Altvögel ist für diese Art namensgebend.

Bei den Stockenten kümmert sich das Weibchen alleine um das Ausbrüten der Eier und die Aufzucht der Jungen, die sehr zahlreich ausfallen können.

Kiebitze kehren ab Februar aus dem Winterquartier im Mittelmeergebiet beziehungsweise in Nordafrika zurück.

Sehr gut angepasst an ihren Lebensraum – klare, schnellfließende Gewässer – ist die Wasseramsel. Sie taucht und schwimmt durch Flügelschlag und ist sogar in der Lage, unter Wasser zu laufen, wo sie auf der Suche nach Insektenlarven und Flohkrebsen Steine umdreht oder wegschiebt.

Frühling

Frühling

Die Hohe Gaisl spiegelt sich im ersten Sonnenlicht in einem kleinen Teich und der Seekofel steht im Pragser Wildsee auf dem Kopf.

Frühling

In sehr variablem Farbkleid präsentiert sich die giftige Aspisviper. Ihre Grundfärbung kann von hellgrau über braun und orangefarben bis zu rostrot alle Abstufungen aufweisen. Unterschiedlich wie die Färbung ist auch ihre Zeichnung. Immer ist sie dunkler als die Grundfärbung und zeigt vom durchgängigen Zickzack- oder Wellenband alle Übergänge bis zur völligen Auflösung in Fleckenreihen und Querbalken.

Das Ruprechtskraut wurde früher als Heilmittel gegen Halsschmerzen und zur Blutstillung eingesetzt. Die Pflanze schleudert ihre Samen bis zu sechs Meter weit von sich weg.

Frühling

Das unscheinbare Zweiblatt zählt zu den Orchideengewächsen.

Feldhasen leben als Einzelgänger. Nur zur Rammelzeit, im Frühling, treffen die Tiere aufeinander. Dann werden oft lebhafte Rivalenkämpfe unter den Männchen ausgetragen.

Die Brunftzeit der Rehe spielt sich in den Monaten Juli und August ab. Das weibliche Reh ist in der Lage, die Entwicklung des Keimlings bis nach der Scheinbrunft im Spätherbst zu unterbrechen. Im Mai und Juni kommen dann meist zwei Rehkitze zur Welt.

Krabbenspinnen verdanken ihren Namen der abgeplatteten Gestalt, den weit abgespreizten Beinen und den krebsartigen Bewegungen. Am liebsten lauern sie in jenen Blüten, wo reichlich Nektar und Pollen geboten werden. Lässt sich ein Insekt auf einer solchen Blüte nieder, so schnellen sie vor, beißen ihm ins Genick und halten die Beute fest, da das Gift sehr schnell wirkt.

Räuberisch lebt auch der Schmetterlingshaft. Auf der Jagd nach kleinen Insekten schwirrt er an trockenen Hängen durch die Luft.

Friedfertiger ist der Pinselkäfer. Er ernährt sich vom Nektar verschiedener Blüten.

Bei der Spinnweben-Hauswurz handelt es sich nicht um Spinnfäden, die die dickfleischigen Blätter überziehen, sondern um von der Pflanze selbst produzierte Wollfäden.

Die Gemeine Sommerwurz besitzt kein Blattgrün, um Photosynthese zu betreiben. Braucht sie auch nicht, denn sie holt sich die benötigten Nährstoffe, indem sie andere Pflanzen anzapft, meist Rubinien.

Ein Gemeiner Scheckenfalter nützt die ersten Sonnenstrahlen, um sich aufzuwärmen.

Der Wendehals ist in der Lage, seinen Hals weit zu drehen, daher auch sein Name. Er zählt zu den Spechtvögeln, nimmt aber unter diesen eine Sonderstellung ein: Er trommelt nicht und zieht als einziger Spechtvogel zum Überwintern nach Afrika. Außerdem baut er seine Nisthöhlen nicht selbst, sondern nutzt vorgefundene, natürliche Baumhöhlen, aber auch Nistkästen. Wenn diese schon besetzt sind, kann es passieren, dass der Vogel den Besitzer samt Gelege oder Brut hinauswirft. Der Niststoff fliegt meist auch noch hinterher, denn der Wendehals legt seine 6–10 Eier auf den blanken Boden der Nisthöhle.

Breit ist das Beutespektrum des Neuntöters, der auch als Rotrückenwürger bekannt ist. Heuschrecken, Grillen, Schmetterlinge und Bienen, sowie Frösche, Eidechsen, Mäuse und sogar Jungvögel fallen ihm zum Opfer. „Überschüssige" Beutetiere werden auf Dornen aufgespießt. Die Fabel, der er seinen Namen verdankt, erzählt, dass er neun Tiere tötet, ehe er eines verzehrt.

Die Erdpyramiden oberhalb von Percha im Pustertal. Diese besonderen geologischen Formationen sind gletscherbedingte Überbleibsel, die aus Moränenmaterial bestehen. Jede der schlanken Säulen wird von einem Felsblock abgedeckt, der verhindert, dass der Regen das lockere Material auswaschen kann.

Frühling

Der Alpensalamander zählt zu den Lurchen und lebt ein sehr verborgenes Leben. Häufig harrt er tagsüber im Totholz feuchter Wälder aus, bis die Nacht hereinbricht. Nur manchmal lässt er sich auch am Tag sehen, nämlich bei regnerischem Wetter. Seine Haut ist nicht verhornt, sondern weich und feucht und trocknet daher leicht aus.

Der Schwarzspecht ist der größte europäische Specht. Ein eindeutiger Hinweis auf seine Anwesenheit sind morsche Baumstümpfe, die er auf der Suche nach Insekten in lange Späne zerlegt.

Frühling

Auf der Lärchenwiese in der Nähe von Sexten blühen im Frühling unzählige Trollblumen.

Frühling

Die Behaarte Alpenrose und der Gestreifte Seidelbast bevorzugen die Hochlagen der Dolomiten.

Die Bödenseen in den Sextner Dolomiten, kurz vor Sonnenaufgang.

warm ❖ farbig ❖ langsam ❖ nass

Sommer

Wir sind ein Teil der Erde, und sie ist ein Teil von uns.
Die duftenden Blumen sind unsere Schwestern,
die Tiere sind unsere Brüder.
Die felsigen Höhen, die saftigen Wiesen,
sie alle gehören zur gleichen Familie.

Chief Seattle, Häuptling der Duwamish-Indianer

Sommer

Die Dolomiten zeigen sich schroff und zackig.
Das schlanke Profil der Vajolettürme in der Rosengartengruppe.

SAGEN und MYTHEN aus SÜDTIROL

Die bleichen Berge

Im dahingesunkenen Reich der Dolomiten schwirrten einst die piepsenden Töne der Vogelsprache durcheinander. Das Bild, das sich der Betrachtung seiner Bewohner bot, war von der Blumenvielfalt in den Wiesen, vom satten Grün der Wälder und von kristallklaren Bergseen bestimmt. In dieser ihrer Welt herrschte das Glück bis zu dem Tag, an dem der Sohn des Königs eine Mondprinzessin heiratete. Die beiden liebten sich über alles, doch konnte der Prinz das gleißende Mondlicht kaum, seine Gemahlin den Anblick der grauen Felsen und dunklen Wälder überhaupt nicht ertragen. An ein gemeinsames Leben im Schloss war nicht zu denken, da er um sein Augenlicht bangte und sie vor Sehnsucht nach ihrer strahlend hellen Heimat fast verging und schließlich dorthin zurückkehrte.

Eines Tages, als der Prinz wieder einmal alleine im Wald umherirrte, traf er auf den König der Zwerge, der nach Siedlungsland für sein Volk Ausschau hielt. Nachdem er sich die traurige Geschichte angehört, versprach der Zwergenkönig dem jungen Prinzgemahl im Austausch gegen die Erlaubnis, sich mit seinem Volk in den Wäldern häuslich niederzulassen, die Berge des Reichs der Dolomiten in hellem Glanz erscheinen zu lassen. Der Bund wurde durch Handschlag besiegelt und in der darauf folgenden Nacht fing das Zwergenvolk das Mondlicht Strahl für Strahl ein und überzog damit die Felsen. Mit der Rückkehr der Mondprinzessin kehrte auch das Glück wieder in das Reich der Dolomiten ein.

Die bleichen Berge stehen noch heute und man nennt sie die Dolomiten. Das Königreich als solches ist längst zerfallen, doch die Salvàns hausen noch immer in den Felswildnissen und Wäldern.
Aber nicht nur ein zaubervoller Glanz haftet noch an den bleichen Hochzinnen, auch das tiefe Heimweh jener Mondprinzessin geht noch von ihnen aus: denn wer einmal unter ihnen geweilt hat, den zieht ein namenloses Sehnen immer wieder zu den Wundern der lichtumgürteten Dolomiten.

Quelle: http://www.altoadige-suedtirol.it

Sommer

Das letzte Abendlicht streift die berühmten Drei Zinnen in den Sextner Dolomiten. In der Mitte die Große Zinne, rechts die Westliche Zinne, links die Kleine Zinne.

Ein Spezialist des Hochgebirges ist das Alpen-Leinkraut, das bis in eine Höhe von 4200 Metern wächst.

Selbst im Hochsommer können die Temperaturen im Hochgebirge weit unter null fallen, was die vereiste Blüte dieser Gewöhnlichen Flockenblume beweist. Ihre Blütezeit ist von Juni bis September.

SAGEN und MYTHEN aus SÜDTIROL

Eisenhand

Als Oswald von Wolkenstein noch ein kleiner Knabe war, wurde seiner Mutter geweissagt, wenn er das Harfenspiel erlerne, werde er ein großer Sänger werden, aber niemals in seinem Leben rechtes Glück und rechten Frieden finden – bleibe ihm jedoch die Tonkunst fremd, so sei ihm ein heiteres Leben beschieden. Um ihm nun das Lebensglück zu sichern, trug ihn seine Mutter ins Kedul hinauf, ein unheimliches Felsgebirge, wo damals noch die „Ganes" (d. h. Wildfrauen) wohnten, und ließ ihm von diesen die Hände verzaubern, damit er als Mann wohl Schwert und Lanze, aber kein feineres Werkzeug halten könne, ohne es zu zerbrechen.

Als er dann in späteren Zeiten mit Spielleuten zusammenkam und eine leidenschaftliche Freude an der Tonkunst empfand, vermochte es doch niemand, ihn diese Kunst zu lehren, weil er jede Harfe und Leier und jegliche Fiedel oder alles was man sonst Ähnliches ihm reichte augenblicklic zerbrach. Darum nannte man ihn Man de Fyer, „Eisenhand". Er war ein rauer Geselle, streifte meist in den Wäldern umher und verstand sich nur auf die Jägerei und auf das Kriegshandwerk.

Eines Tages ging er aus dem Durontal in die Molinyon-Berge hinauf und gelangte um die Mittagszeit, als alles still war, zu einem herrlichen Blumenhag, aus dem Gesang und Spiel ertönten. Er trat vorsichtig näher und erblickte eine wunderschöne Elfe in silberglänzendem Gewande, die da saß und spielte. Das gefiel ihm über die Maßen gut; er blieb stehen und wagte kaum zu atmen, aus Furcht, die schöne Sängerin zu stören. Als sich aber der Sonnenschein von dem Tale vorhob, war alles weg: sowohl der Blumenhag als auch die Sängerin. Am nächsten Tage jedoch war alles wieder da.

Nun hatte Oswald keine Ruhe mehr; immer wieder stieg er in die Molinyon-Berge hinauf und hörte von ferne der Elfe zu. Diese aber hatte ihn schon längst gesehen und sich darüber gefreut, dass er so rücksichtsvoll zurückblieb und sie nicht zu stören wagte. Und nach sieben Tagen redete sie mit ihm. Da erzählte er ihr gleich, wie Leid es ihm tue, dass er das Harfenspiel nicht erlernen könne; seine Hände seien so ungefüge, dass er nichts Feines damit zu halten vermöge.

Die Elfe betrachtete seine Hände, wurde sehr nachdenklich und sagte:

„Auf deinen Händen liegt ein schwerer Zauber, der nur gebrochen werden könnte durch ein großes Leid; dies Leid aber wäre so furchtbar, dass ich dir wünsche, du mögest lieber niemals in deinem Leben spielen lernen."

Einige Monate später kam Oswald zu seiner Mutter und berichtete, dass er sich mit einem wunderschönen Fräulein hoch in den Bergen oben verlobt habe. Die Mutter wollte wissen, wer dies Fräulein sei und wie es heiße, doch darüber vermochte ihr der Sohn nicht das Geringste zu sagen. Also ging er wieder in die Berge hinauf und fragte die Elfe, wer sie sei und wie sie heiße. Die Elfe aber erwiderte: „Wie ich heiße, darfst du nie erfahren, sonst müsste ich von dir fort; aber woher ich bin, das kannst du wissen – ich bin aus dem versunkenen Rosengarten."

Diesen Bescheid überbrachte Oswald seiner Mutter. Allein die Schlossherrin von Trostburg war darob nicht recht erfreut, denn sie meinte, es gäbe keine wahre Gemeinschaft zwischen Berggeistern und Menschen.

Und wieder vergingen einige Monate. Da kehrte Oswald eines Abends von der Jagd heim durch eine todfinstere Wildnis. Und wie er sich so durch die Latschen drängte, bemerkte er in der Ferne ein Feuer, um das einige Leute saßen. Es waren aber „Cristànes", die nur noch in den unzugänglichsten Winkeln der höchsten und einsamsten Berge hausen. Es wunderte Oswald, diese Leute zu belauschen, weil er schon als Kind vernommen hatte, dass die Cristànes von den Bergen und ihren Wundern viel mehr wüssten als die Menschen. Leise schlich er sich näher. Da hörte er, wie eine Cristàna sagte: „Die alte Wolkensteinerin hat es auch recht klug zu machen vermeint, als sie ihrem Sohn die Hände verzaubern ließ; aber jetzt will er die Antermòya heiraten, und der ganze Zauber wird in die Brüche gehen." ... Antermòya! ... Oswald hatte schon zuviel gehört.

Und als er eines Tages wieder mit seiner Verlobten redete, vergaß er sich und nannte sie beim Namen. Da begann die Elfe zu wehklagen und zu weinen, denn sie müsse nun fort, für immer von ihm fort. Und sie nahm Abschied von ihm und schenkte ihm ihre Harfe. Darauf begab sie sich in die Mitte des Blumenhags und sang noch einmal das Lied, das Oswald als erstes von ihr gehört hatte. Während er aber bekümmert zuhörte und noch nicht recht fassen konnte, was sie gesagt, brach plötzlich der Boden auf, und schwarze Wasserfluten stürzten hervor. Es bildete sich ein dunkler See, und dieser See verschlang den Blumenhag und die schöne Elfe.

Drei Tage lang ging Oswald um den See herum, in großer, unaussprechlicher Trauer. Am dritten Tag jedoch nahm er die Harfe und begann ein Klagelied zu dichten und zu spielen. Und siehe da – es gelang ihm mit vollkommener Meisterschaft. Der Zauber an seinen Händen war gebrochen, aber auch sein Lebensschicksal hatte sich gewendet. Rechtes Glück und rechten Frieden fand er nirgends wieder, so weit er auch das Meer durchschiffte und ruhelos umherzog in fernen, fremden Ländern.

Doch auf der Harfe kam ihm niemand gleich, und es hat auch nach ihm keinen größeren Spielmann mehr gegeben.

Quelle: http://www.tiers-rosengarten.com

Eingerahmt von mächtigem Dolomitgestein liegt der sagenumwobene See von Antermoja.
In der Mitte spiegelt sich die ferne Marmolada.

Sommer

Am Büllelejoch, auf rund 2500 Metern Seehöhe, öffnet sich der Blick über die Sextner Dolomiten. Im Bild der mächtige Zwölfer.

Der Gelbe Alpenmohn zählt zur so genannten Dolomitenflora, einer Besonderheit der Südtiroler Vegetation, die zahlreiche Raritäten enthält. Die harten und lebensfeindlichen Bedingungen der Kalkschutthalden haben Spezialisten hervorgebracht, die auf dem rutschigen und grobblockigen Umfeld Fuß fassen konnten.

Der Hauhechelbläuling ist der häufigste unter den so genannten Bläulingen.

Die Raupen von Schmetterlingen tragen oft auffällige Körperanhänge wie Hörner, Dornen, Höcker oder Haare, die entweder zur Abschreckung oder zur Tarnung dienen. Die Raupe der Ampfereule ist mit Haarbüscheln und leuchtendem Orange ausgestattet, die Raupe des Zickzackspinners trägt hinter dem Kopf zwei und am Hinterende einen Höcker.

Sommer

Sommer

Kalte Julinächte lassen Insekten erstarren und überziehen sie mit einer feinen Schicht aus kleinen Tautropfen, wie diesen Baumweißling und auch den Kleinen Kohlweißling.

Kommafalter bei der Paarung. Nur die Männchen tragen den schwarzen, kommaförmigen Duftschuppenfleck, der namensgebend für diese Schmetterlingsart ist, die bis zu 2500 Meter in den Bergen aufsteigen kann.

Die verschiedenen Entwicklungsstadien eines Totenkopfschwärmers: Raupe, Puppe und Falter.

Mit einer Flügelspannweite von bis zu 120 Zentimeter ist der Totenkopfschwärmer einer der größten Schwärmer Europas. Seinen Namen verdankt er einer markanten, totenkopfähnlichen Zeichnung am Rücken. Normalerweise ist der Falter in Asien und Afrika beheimatet, doch in Wärmeperioden fliegen vereinzelte Exemplare bis weit in den Norden und legen ihre Eier bevorzugt am Kartoffelkraut ab. Hier finden sich später die bis zu 10 Zentimeter langen gelben Raupen, die am Ende ihrer Entwicklung in die Erde kriechen, um sich dort in einer Erdhöhle zu verpuppen.

Der Falter besucht gerne Bienenstöcke und saugt Honig aus den Waben, die er mit seinem kurzen, aber sehr kräftigen Rüssel ansticht. Der Falter gibt dabei zirpende Geräusche von sich. Diese dienen offensichtlich dazu, die Bienen zu beruhigen, wenn er den Honig stiehlt, der seine Hauptnahrung ist. Die Töne stimmen mit dem Weiselgesang von jungen Bienenköniginnen überein, den diese, bevor sie aus den Zellen schlüpfen, erzeugen, um die anderen Bienen im Stock zu beruhigen.

Sommer

Sommer

Der Oleanderschwärmer und das Große Nachtpfauenauge, beide Wesen der Nacht, beeindrucken durch ihre außergewöhnliche Zeichnung.

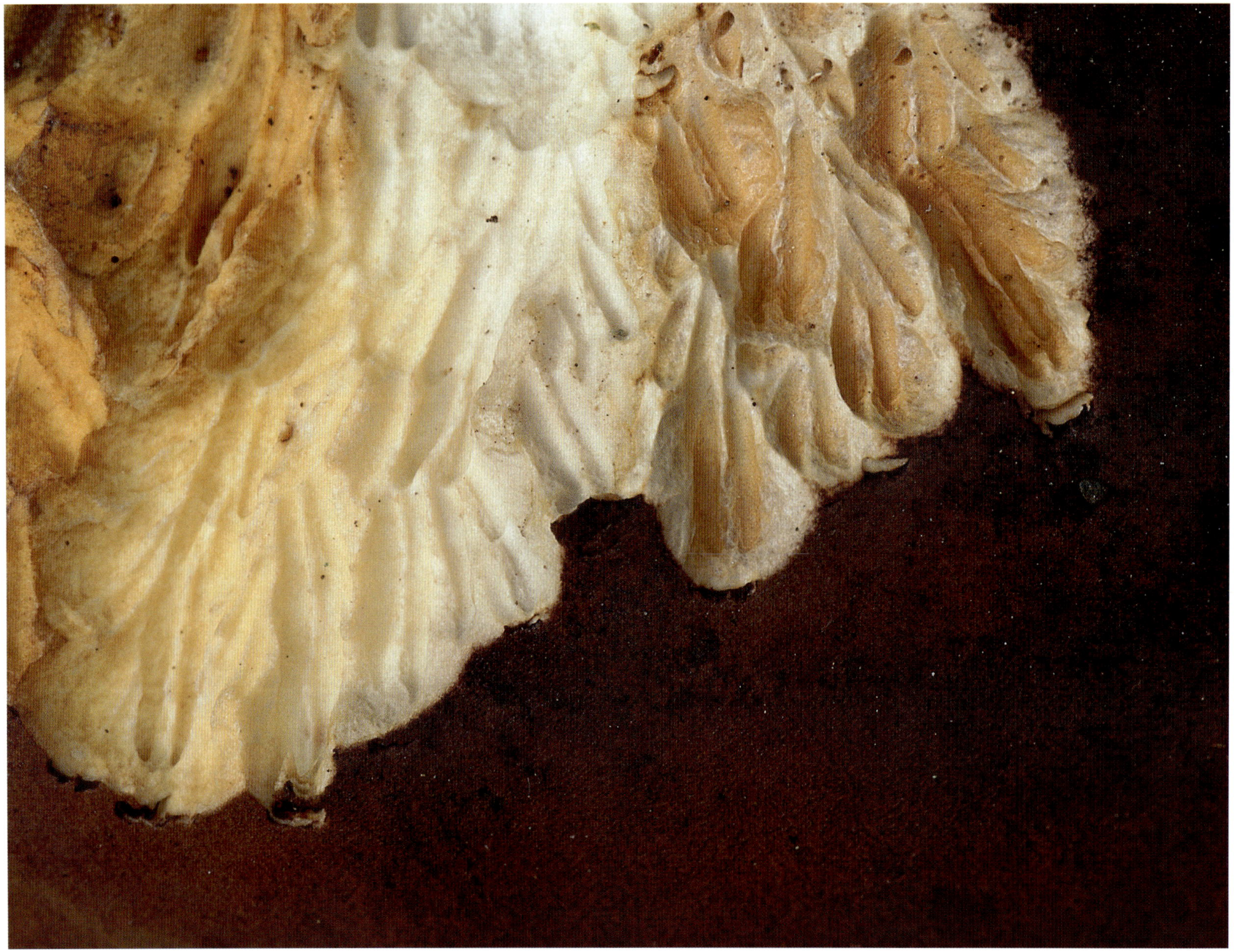

Sommer

Eine Maus hat mit ihren Schneidezähnen die Kappe eines Steinpilzes abgenagt.

Hell leuchtet ein Schwefelgelber Korallenpilz im Laub des vergangenen Jahres.

Sommer

Blick von der Pordoispitze auf die Marmolada im letzten Abendlicht.

SAGEN und MYTHEN aus SÜDTIROL

Die Entstehung der Marmolada

Die Marmolada, die mit ihrem gletscherleuchtenden Haupt wie eine Königin aus dem Dolomitenreich aufragt, war einst eine fruchtbare Alm, auf der das saftigste Gras gedieh. Ihr Besitzer wollte am Vorabend des Hohen-Frauen-Tages, ungeachtet der gebotenen Arbeitsruhe, das Heu einliefern. Als ihn ein frommer Knecht vor dieser Entheiligung des Tages, welcher der Muttergottes geweiht ist, warnte, lachte der Bauer auf und sprach: „Ach was, Muttergottes hin oder her, i hab mei Heu im Stadel!"
Kaum war das frevle Wort gesprochen, da brach ein furchtbares Hagelwetter über die Alpe herein, das bald in dichten Schneefall überging. Der Bauer gedachte den Flockensturm zu verschlafen und kroch in einen Heuschober; doch das Schneetreiben dauerte an. Am nächsten Morgen lag die ganze Alm unter metertiefem Eis, das auch den Frevler begraben hatte.

Quelle: Die schönsten Tiroler Sagen, ausgewählt und erzählt von Karl Paulin; Innsbruck 1972

Sommer

Antermojasee.

Alpen-Steinbock.

Sommer

Die massiven Wände und Pfeiler der Sella tragen auf durchschnittlich 2900 Meter Höhe ein atemberaubendes Dach. Vom Gipfel der Pordoispitze öffnet sich der Blick über eine gewaltige Steinwüste, geformt durch die immerwährende Kraft der Erosion. Im Hintergrund thronen die Berge des Langkofelstocks – der gewaltige Hauptgipfel, die Fünffingerspitze und die stumpfe Pyramide der Grohmannspitze.

Sommer

Die großen Blütenköpfe der Stacheligen Kratzdistel sind von zahlreichen bleichgrünen, stechenden Hüllblättern umgeben, die der Pflanze eine hohe Wehrhaftigkeit verleihen.

Einer der Koflerseen oberhalb von Rein.

Sommer

Der markante Hochgall zwischen dem Reintal und dem Antholzer Tal.

SAGEN und MYTHEN aus SÜDTIROL

Das Alpenglühen

Es war einmal ein Alpenkönig, der auf einem Berge voll Rosen wohnte. Diese Rosen stammten noch aus der guten alten Zeit, in der es keinen Hass und keinen Totschlag gab. Da kamen einst fremde Krieger des Weges und ihre Rosse zerstampften die Rosen. Der König, der das nicht dulden wollte, wurde überwältigt, gefangen genommen und von den fremden Kriegern fortgeschleppt. In ihrer Halle banden sie ihn an einen Pfahl, ließen ihn singen und tanzen und lachten über ihn. Einmal schliefen sie dabei ein. Da näherte sich der Gefangene dem Feuer, das in der Mitte der Halle brannte, und versengte das Lederseil, mit dem er gefesselt war. Als das Lederseil zu brennen begann, riss es, und der Gefangene wurde frei. Auf abenteuerlichen Fahrten kehrte er zurück in seine Heimat. Als er aber den Berg erblickte, der über und über voll Rosen war und in der Sonne purpurn leuchtete, da sagte der heimkehrende König: „Diese Rosen mit ihrem Schein haben mich verraten; hätten die fremden Krieger nicht diese Rosen gesehen, so wären sie nie auf meinen Berg gekommen."

Also sprach er über die Rosen einen Zauber aus, damit sie weder bei Tage noch bei Nacht je wieder sichtbar sein sollten. Er hatte jedoch die Dämmerung vergessen, die nicht Tag und nicht Nacht ist. So kommt es nun, dass in der Dämmerung die Rosen wieder sichtbar werden, und dann steht der ganze Berg in rotem Glanze da. Das nennt man Alpenglühen.

Wenn aber das Alpenglühen aufstrahlt, dann treten die Menschen aus ihren Hütten heraus und schauen und staunen und haben eine Ahnung von der alten Zeit, wo alles schöner und besser war.

Quelle: Dolomitensagen – Sagen und Überlieferungen, Märchen und Erzählungen der ladinischen und deutschen Dolomitenbewohner, Karl Felix Wolff, Innsbruck 1981

Sommer

Seite 93: Rotwand in der Rosengartengruppe im letzten Abendlicht.

Zu den seltenen und geschützten Pflanzen in Südtirol zählt die Feuerlilie.

Skabiosen-Scheckenfalter.

Sommer

Bach-Kratzdisteln können eine Höhe von über einem Meter erreichen.

Im Hochgebirge kann es auch im Hochsommer empfindlich kalt werden. Diese Violetten Waldbläulinge waren auf Grund niedriger Temperaturen nicht mehr in der Lage zu fliegen, daher versammelten sie sich an einem Grashalm, um auf ein paar wärmende Sonnenstrahlen zu warten.

Sommer

Viele Pflanzen des Hochgebirges, wie der Alpen-Süßklee oder das Läusekraut, werden nicht besonders groß. Durch ihren Zwergwuchs vermeiden sie Angriffsflächen für Wind, Verdunstung und rutschenden Schnee.

Sommer

Die Hohe Gaisl im Naturpark Fanes-Sennes-Prags spiegelt sich in einem Teich auf der Plätzwiese.

Hoch droben wächst eine der wohl bekanntesten Hochgebirgspflanzen, das Edelweiß.

farbig ❖ reif ❖ welk ❖ vergänglich

Herbst

Weißt du, dass die Bäume reden?
Ja, sie reden.
Sie sprechen miteinander,
und sie sprechen zu dir,
wenn du zuhörst.
Aber die weißen Menschen
hören nicht zu.
Sie haben es nie der Mühe wert gefunden,
uns Indianer anzuhören,
und ich fürchte,
sie werden auf die anderen Stimmen
in der Natur nicht hören.
Ich selbst habe viel von den Bäumen erfahren:
manchmal etwas über das Wetter,
manchmal über die Tiere,
manchmal über den großen Geist.

Tatanga Mani, Indianerhäuptling

Herbst

Die schroffen Gipfel im Naturpark Sextner Dolomiten spiegeln sich in einem der kleinen Drei-Zinnen-Seen.

Der Antornosee wiederum dient bei windstillem Wetter der Westlichen und der Großen Zinne als Spiegel.

SAGEN und MYTHEN aus SÜDTIROL

Der Riese Ortler

In uralter Zeit lebte und herrschte in den rätischen Alpen ein Geschlecht von Riesen, das in unzugänglichen Felsenhöhlen hauste und auch in unserem Lande noch den Auerochsen und den wilden Bären jagte.

Unter diesen Riesen wuchs im Vintschgau ein gar stattlicher Bub namens Ortler auf, der an Größe und Kraft schon in jungen Jahren alle seine Genossen übertraf. Als nun der Riese Ortler immer höher und höher wuchs, so dass er sogar die Bergeshäupter der Umgebung überragte, schwoll in ihm ein solcher Hochmut, dass er die kleine Welt unter seinen Füßen kaum mehr eines Blickes würdigte.

Eines Tages ließ sich Riese Ortler nach langer Wanderung auf einem hohen Bergrücken zur Ruhe nieder und breitete seine beiden mächtigen Arme über die gletscherbedeckten Flanken des Gipfels aus. Gerade schwellte wieder ein stolzes Hochgefühl die Brust des Riesen, da stieg ein winziges Männlein, der Stilfser Zwerg, aus dem Tal herauf, kletterte hurtig über Beine, Leib und Schultern auf das Haupt des Riesen, schlug dort übermütig einen Purzelbaum und sang mit jauchzendem Spott:

„Ach, Riese Ortler, wie bist doch klein,
Kleiner als das putzige Nörgelein,
Du bist gewachsen so viel tausend Jahr,
Streckst deine Nase in den Himmel gar.

Was nützt dich das, was nützt dich das?
Der Stilfser Zwerg, der Nudelhopf,
Ist größer doch, ist größer doch
Heroben da auf deinem Kopf."

Schon wollte Riese Ortler mit seiner Hand ausholen, um den frechen Zwerg zu zerdrücken, da fühlte er zu seinem Schrecken, dass ihm das Blut in den Adern stockte und er keiner Bewegung mehr fähig war. Zur Strafe für seinen Hochmut erstarrte der Leib des Riesen Ortler zu Fels, den ewiges Eis als urweltlicher Hermelin umfließt.

Quelle: Die schönsten Tiroler Sagen, ausgewählt und erzählt von Karl Paulin; Innsbruck 1972

Seite 109: Königsspitze, Zebru, Hochjoch und Ortler

Die Große Angelusspitze und die Vertainspitze, von den Zayseen aus gesehen.

Bunte Herbstfärbung im Zaytal oberhalb von Sulden.

Herbst

Im letzten Licht der untergehenden Sonne färben sich die Geislerspitzen im Villnösser Tal blutrot.

Herbst

Herbst

Im Herbst ist das Wetter oft launisch und malt farbintensive Stimmungen an den Himmel.

Herbst

Der Herbst ist die Jahreszeit der bunten Farben. Rot leuchten die Beeren des Mäusedorns und die Wälder bringen Farbtupfen hervor.

Herbst

Am Ende einer Vegetationsperiode beginnen sich die Bäume, hier alte Lärchen, langsam zu verfärben.

Kalte Nächte im September und Oktober animieren die Hirsche zu ihrem weithin hörbaren Brunftgeschrei. Dem Röhren folgt meist ein Rivalenkampf, bei dem das mächtige Geweih zum Einsatz kommt.

Herbst

Blick auf die Sextner Dolomiten mit dem markanten Toblinger Knoten in der Mitte.

Wie ein Gemälde wirkt dieser Mischwald in seinem herbstlichen Gewand.

Herbst

Die Monate bevor der Winter ins Land zieht verbringt das Eichhörnchen damit, Vorräte für die kalte Jahreszeit zu sammeln und zu vergraben.

Die Lärche ist der einzige heimische Nadelbaum, der seine Blätter im Winter verliert. Einige Tage bevor sie abgeworfen werden flammen sie in leuchtendem Gelb auf.

Herbst

Herbst

Von einer erhöhten Sitzwarte aus beobachtet der Mäusebussard das Geschehen unter ihm, in der Hoffnung auf eine leichtsinnige Feldmaus. Erbeutet werden aber auch andere kleine Säuger und Vögel sowie Frösche.

Herbst

Wasserfall auf dem Weg zur Tribulaunhütte.
Raureif überzieht das abgefallene Laub.

Herbst

Vom Vernagt-Stausee im Schnalstal öffnet sich der Blick auf die Lagaun- und die Saldurspitze.

Herbst

Im Herbst lassen die ersten kalten Nächte im Hochgebirge das wenige Wasser auf der Pordoispitze gefrieren.

Manchmal fällt der erste Schnee im Jahr sehr früh. Diese Murmeltiere genießen die letzten wärmenden Strahlen der Oktobersonne, bevor sie für sechs bis sieben Monate tief in ihrem Bau verschwinden und dort in den Winterschlaf fallen.

Herbst

Die Cadinigruppe nach den ersten ergiebigen Schneefällen im Herbst.

Herbst

Lagaun- und Saldurspitze im ersten Morgenlicht.

eisig ❖ klirrend ❖ hart ❖ beschwerlich

Winter

Glänzendes Wasser, das sich in Bächen und Flüssen bewegt,
ist nicht nur Wasser – sondern das Blut unserer Vorfahren.
Jede flüchtige Spiegelung erzählt von Ereignissen und
Überlieferungen aus dem Leben meines Volkes.
Das Murmeln des Wassers ist die Stimme unserer Vorväter.
Die Flüsse sind unsere Brüder – sie stillen unseren Durst,
tragen unsere Kanus und nähren unsere Kinder.

Chief Seattle, Häuptling der Duwamish-Indianer

Die Reinbachfälle bei Sand in Taufers überwinden
die 100 Meter tiefe Toblschlucht in drei Kaskaden.

Die klirrende Kälte des Winters formt vergängliche Gebilde aus Eis.

Winter

Pragser Wildsee.

Dauerfrost bringt auch dem Eisvogel, obwohl sein Name es nicht vermuten lässt, Probleme. Frieren die langsam fließenden Gewässer zu, an denen er fischt, ist er gezwungen, für die Dauer der Kälteperiode in wärmere Gegenden abzuziehen.

Winter

Ein schwarzer Höcker über der Schnabelwurzel ist für den Höckerschwan namensgebend. Die Vögel sind ausgezeichnete Schwimmer, an Land hingegen wirken sie eher schwerfällig. Das Aufschwingen zum Flug geht mit viel Getöse, heftigem Wassertreten und rauschendem Flügelschlagen vor sich.

Winter

Distelsamen frisst der bunte Stieglitz besonders gerne, davon leitet sich auch sein zweiter Name „Distelfink" ab. Reicht die Nahrung aus, überwintern die Vögel im Land.

Winter

Winter bedeutet eine harte Zeit für die Tiere des Waldes wie Reh und Hirsch.

Winter

Die Türme der Sella, aufgereiht zum Joch.

Gämsen sind besonders gut an das Überleben im lebensfeindlichen Hochgebirge angepasst, das besonders in den Wintermonaten viele Opfer fordert. Ihre schlimmsten Feinde sind Lawinen, Steinschlag, die Kälte und die Gamsräude. Nur selten erbeutet der Steinadler ein Kitz.

SAGEN und MYTHEN aus SÜDTIROL

Der Riese namens Langkofel

In einer fernen Vergangenheit lebten in der Gegend um den Sellastock gutmütige Riesen. Einer von ihnen war ein Schelm, der stets neue Streiche ersann. Langkofel, so hieß er, ließ des Öfteren ein Hühnchen mitgehen, und wenn die Bauern sich beklagten, machte er die Füchse und Adler für den Verlust verantwortlich. So gutmütig seine Artgenossen auch sein mochten, dumm waren sie nicht. Ihr Beschluss, Langkofels Diebestouren ein Ende zu setzen, war bald gefasst. Es dauerte nicht lange und sie ertappten ihn auf frischer Tat, Langkofel aber leugnete jede Schuld ab und spielte den Beleidigten. Als er sich dann zum dritten Mal am Hühnerstall des Nachbarn gütlich getan hatte, wurde er vor den Hohen Rat der Riesen zitiert. Seine Unschuldsbeteuerungen halfen ihm nicht länger, das Urteil wurde gefällt und vollstreckt: Auf gleichsam magische Weise versank Langkofel in den Erdboden. Dort haust er immer noch und an sein Dasein auf Erden erinnert nur seine gegen Himmel ragende Hand, die Fünffingerspitze.

Quelle: http://www.altoadige-suedtirol.it

Winter

Der Langkofelstock mit Grohmannspitze, Fünffingerspitze und Langkofeleck.

Winter

Der Langkofel zeigt im Tagesverlauf unterschiedliche Gesichter und Farbvarianten.

Winter

Blick über die im Vergleich zu den Dolomiten eher sanften Sarntaler Alpen.

Brünftiger männlicher Steinbock.

Winter

SAGEN und MYTHEN aus SÜDTIROL

Von den Schlernhexen

Außer dem Rittner Horn ist der gewaltige Schlernrücken der beliebteste Tummelplatz für die Hexen von weit und breit. Von allen Seiten reiten sie auf den Schlern und halten auf seiner höchsten Erhebung, dem Petz, ihren Hoangart und ihre Tänze ab. Wenn eine Hexe auf den Schlern fahren will, nimmt sie das hölzerne Kehrtatl mit dem Rußbesen auf den Rücken und fährt durch den Kamin in die Luft, damit man die Haustüre nicht gehen hört.

Unter der Schlernklamm stand einst ein Bauernhof, über dem sich eines Tages ein drohendes Unwetter zusammenzog. Die Bäuerin sah über dem Haus eine große, dunkle Wolke, in der es sich unheimlich regte, als ob eine wirkliche Gestalt mit einem Besen herumfahren würde.

Als die Frau den Bauer auf die seltsame Erscheinung aufmerksam machte, meinte er: „Da sitzt die Wetterhex drin, dö schieß i ober!"

„Hansl!" warnte die Bäuerin, „gib ja um Gottes willen Acht, wenn du die Hex fahlst, dann könnts dir schlecht gehn!" Der Bauer lud geweihte Kugeln ins Gewehr, besprengte die Waffe mit Weihwasser, eilte in die Klamm hinauf, legte an, und schon hallte der Schuss von den Felsen wider.

Im gleichen Augenblick ertönte ein fürchterliches Geheul aus den Lüften, die getroffene Wetterhexe stürzte gerade vor die Füße des Bauern zur Erde und verröchelte. Der Anblick des hässlichen Weibes erschütterte den Schützen derart, dass er von Sinnen kam und erst nach langer Zeit wieder gesundete.

Ein Mesner von St. Valentin bei Seis war den Schlernhexen besonders zuwider. Er wusste, dass die Hexen in den Zwischenpausen des Wetterläutens keinen Atem bekommen, und schaltete daher, sooft er die Wetterglocke im Turm läutete, recht lange Pausen, so genannte „Recken", ein.

Damit vertrieb der Mesner viele arge Wetter, zog sich aber gleichzeitig den tödlichen Hass der Hexen zu. Es gelang den Unholdinnen, dem armen Mesner eine furchtbare Krankheit auf den Leib zu hexen, so dass er nach langem Leiden unter großen Schmerzen sterben musste.

Quelle: Die schönsten Tiroler Sagen, ausgewählt und erzählt von Karl Paulin; Innsbruck 1972

Winter

Blick von der Rittner Hochebene auf den Schlern.

Winter

Steinadler schlagen ihre Beute im Flug. Die Hauptbeutetiere sind Schneehasen und Murmeltiere sowie Birk- und Schneehühner. Sie gehen aber auch an Aas und begnügen sich mit einer bescheidenen Mahlzeit.

Winter

Die Pordoispitze und die Türme der Sella zeigen sich im letzten Abendlicht in ihrer vollen Pracht.

Bilder, Texte und grafische Gestaltung:

PHOTOGRAPHIE
Dr. Alessandra Sarti
Innsbruckerstr. 69
A-6130 Schwaz AUSTRIA
+43/(0)650/2804682
info@photosarti.at
www.photosarti.at

DER NATURFOTOGRAF
Reinhard Hölzl
Gilmstr. 53a
A-6130 Schwaz AUSTRIA
+43/(0)5242/65629 +43/(0)664/1437188
reinhard.hoelzl@der-naturfotograf.com
www.der-naturfotograf.com

Herausgeber:
ATHESIA SPECTRUM - Ferrari-Auer GmbH
39100 Bozen, Lauben 41
Telefon: +39/0471927227
Fax: +39/0471927226
E-Mail: athesia.spectrum@athesia.it

Gesamtherstellung:
ATHESIADRUCK, Bozen

ISBN: 88-87272-92-1

Vertrieb Deutschland, Österreich und Schweiz:
Tyrolia-Verlag, Innsbruck
buchverlag@tyrolia.at
ISBN:3-7022-2689-3